F Pièce 404.

AF460653

QUELQUES

QUESTIONS DE DROIT

PÉNAL,
CONSTITUTIONNEL ET INTERNATIONAL,

SOUMISES

A MESSIEURS LES ÉTUDIANTS DE LA FACULTÉ DE DROIT
DE L'ACADÉMIE DE GENÈVE,

POUR LEURS EXERCICES,

PAR LE

Comte de Sellon,
FONDATEUR DE LA SOCIÉTÉ DE LA PAIX.

Le fils en parlera à son père.

Genève,
IMPRIMERIE E. PELLETIER, RUE DU RHONE, 64.
1838

QUELQUES

QUESTIONS DE DROIT

PÉNAL,
CONSTITUTIONNEL ET INTERNATIONAL,

[illegible] 42,644
[illegible]NNEQUIN

SOUMISES

A MESSIEURS LES ÉTUDIANTS DE LA FACULTÉ DE DROIT
DE L'ACADÉMIE DE GENÈVE,

POUR LEURS EXERCICES,

PAR LE

Comte de Sellon,
FONDATEUR DE LA SOCIÉTÉ DE LA PAIX.

Le fils en parlera à son père.

Genève,
IMPRIMERIE E. PELLETIER, RUE DU RHONE, 64.
1838

Pièce
F
404

PRÉFACE.

Janvier 1838.

Après avoir assisté, le 11 décembre 1837, à un exercice de la Faculté de droit de l'Académie de Genève, où la peine de mort jouait le rôle principal, j'ai pensé qu'il serait fort sage, dans un Etat représentatif quelconque, de multiplier ces exercices, et de les étendre au droit constitutionnel et international, pour préparer à la patrie des députés familiarisés avec la discussion de ses intérêts les plus chers. Si nos ancêtres, passionnés de la guerre, organisaient des tournois pour y exercer la jeunesse, soyons assez sages pour organiser en revanche les travaux préparatoires de nos législateurs futurs; c'est, guidé par ce sentiment, que je dédie cet opuscule aux jeunes hommes qui suivent les cours de droit pénal, constitutionnel et international. (Voir, page 15, les questions à poser.)

SUR QUELQUES

QUESTIONS DE DROIT

PÉNAL[1], CONSTITUTIONNEL ET INTERNATIONAL.

En prenant congé de mes lecteurs à la fin du second numéro de mes *Mélanges* (*moraux, littéraires et politiques*), je me suis engagé à présenter quelques développements des propositions que j'ai produites et reproduites depuis vingt ans en ma qualité de Député, de citoyen, de publiciste enfin, appelé par sa conscience à traiter tous les sujets indiqués par le titre de cette publication. Or, ces développements viennent d'eux-mêmes se placer au bout de ma plume quand je la saisis, après avoir médité sur les intérêts de l'humanité, de la société et de la *famille*.

Comme *Député*, je me suis attaché surtout à rechercher si le corps dont je faisais partie (le Conseil Représentatif) était doté par la

[1] Je prends la liberté de recommander aux personnes qui se destinent au barreau, et à la carrière judiciaire en général, la lecture *assidue* de la *Gazette des Tribunaux;* ils y reconnaîtront la répugnance toujours croissante du jury pour la *peine de mort*.

Constitution de tous les moyens nécessaires pour faire le bien, et à les réclamer soit à la tribune, soit par la voie de la presse, quand j'étais convaincu qu'il était dépouillé de ces moyens. Tel fut le motif de la demande que je fis en 1831, et que je renouvelle en 1837, d'accorder au Conseil Représentatif une part dans l'initiative des lois, dans la conviction que ce corps souvent renouvelé, et par conséquent plus identifié avec la nation, convertirait en lois les vœux de cette nation, tous les jours plus éclairée, par une presse libre, sur ses droits, et surtout sur ses devoirs.

Forcé, par l'état de ma santé, de renoncer aux fonctions de Député, je me réfugiai dans la presse périodique hebdomadaire, de toutes les formes enfin, pour propager mes opinions parmi toutes les classes de la société, *sans exception*, puisque mon principal objet était *l'inviolabilité de la vie de l'homme*, quelle que fût sa patrie, sa caste ou sa religion.

Pour atteindre mon but, il faut que je m'adresse à *tous*, puisque c'est la cause de *tous* que je plaide ; il faut que j'invoque ce qui dans les théories gouvernementales sera le plus favorable à ma cause, ce qui permettra le mieux à l'opinion de se faire jour sans violer aucune loi, sans commettre un seul acte illégal, sans blesser les convenances sociales. Je n'attaque point les *individus* en attaquant les institutions; je reconnais tout ce qu'il y avait de vénérable dans l'ancienne magistrature; je proclame la bonne foi avec laquelle elle prononçait ses arrêts de mort; je rends hommage au courage chevaleresque des militaires de toutes les nations; je reconnais qu'ils avaient la conviction qu'ils remplissaient un devoir sacré en prononçant des sentences capitales, ou en versant le sang de leurs semblables sur le champ de bataille, mais je proclame en même temps la nécessité de fonder un nouvel édifice social, basé sur l'esprit de l'Evangile qui enseigne : 1° *que Dieu ne veut pas la mort du pécheur, mais sa conversion et sa vie;*

2° *Que bienheureux sont ceux qui procurent la paix, car ils seront appelés enfants de Dieu!*

Or, pour parvenir à obtenir un tel progrès des générations qui sont encore sur la scène du monde, et de celles qui vont y paraître pour y jouer un rôle *actif*, il faut peindre sous leurs couleurs naturelles les déplorables effets de l'ancienne manière d'évaluer la vie des hommes, c'est-à-dire de la cruelle légèreté avec laquelle on sacrifiait la vie de ses semblables, en même temps que la sienne, quand on aurait pu arriver à un résultat bien préférable par des moyens avoués par la religion et la philosophie.

Tout le monde ayant concouru, directement ou indirectement, à établir que la vie de l'homme était, dans de certaines circonstances données, à la disposition de la société, il faut aussi que *tout le monde* concoure maintenant à protester contre cette faculté qui ne devrait appartenir qu'à Dieu seul.

Pour éviter que l'oubli ne vienne frapper de mort mes propositions, je les fais réimprimer presque toutes les années, et le mois de novembre 1837 a encore vu éclore une lettre de moi, à un membre du Conseil Représentatif de Genève, où je recommandais à lui et à ses honorables collègues :

1° L'abolition de la peine de mort;

2° La construction de *bateaux sauveurs;*

3° Mon projet de jonction du Danube avec la mer Méditerranée par la Suisse;

4° La plus grande circonspection quand on traitait des objets relatifs à nos voisins, les Français et les Savoyards, anciens compatriotes des habitants des communes réunies au canton de Genève;

5° La nécessité de voter une loi tendante à placer tous les cultes sous la surveillance de l'autorité laïque ;

6° La fondation d'un Institut de charité pour les aveugles, à l'instar de ceux de Paris et de Berne;

7° Des allocations en faveur des beaux-arts et de l'étude des langues allemande et italienne (*toutes deux fédérales*) ;

8° Une allocation en faveur de la fondation de bibliothèques populaires dans toutes les communes rurales du canton ;

9° D'offrir aux cantons qui n'avaient pas de prisons, d'admettre, *moyennant finance*, leurs condamnés dans la maison pénitentiaire de Genève.

Plus la session approchait, plus je me sentais pressé par ma conscience de publier mes pensées sur les améliorations sociales et politiques que je désirais pour le bien de *tous*, et je renouvelai les propositions que j'avais faites en 1831 pour le partage de l'initiative entre les deux Conseils et la réduction du nombre des conseillers d'état; je signalai ensuite l'avantage de donner au procureur-général la faculté de se porter médiateur entre les différents corps, et d'en appeler à l'autorité fédérale si la constitution était violée. J'invoquai le principe de la propriété, pour demander que nul ne pût chasser sur le terrain d'autrui, en exposant tous les dangers que faisaient courir les chasseurs aux habitants des environs de Genève, tous agglomérés de manière à se trouver au bout du canon du fusil du chasseur, lorsqu'il croit tirer sur une pièce de gibier.

Tels ont été mes travaux pendant les deux derniers mois de l'année 1837; puissent-iis être bénis par la Providence, et avoir fait quelque impression sur ceux qui ont le droit de convertir nos vœux en lois.....

L'éducation *constitutionnelle* de la génération présente est encore à faire; on ne sent pas encore assez généralement que les constitutions n'ont été inventées que pour préserver les sociétés de l'impéritie ou de la mauvaise volonté des gouvernants, et l'on voit encore, de temps en temps, quelques hommes alléguer sérieusement la probité de leurs magistrats *actuels*, pour repousser les *garanties* réclamées par des citoyens ennemis de l'arbitraire, et instruits par le passé de ce qu'il faut préparer pour l'avenir dans les temps calmes. Pour sortir des généralités, je dirai franchement que j'ai été peiné du froid accueil qu'a reçu dans le Conseil Représentatif la *proposition* de M. Fazy-Pasteur, de faire une loi de responsabilité pour le Conseil d'Etat (*notre pouvoir exécutif*). Au lieu de lui opposer des fins de non-recevoir, il fallait nommer une Commission (dont il aurait fait partie) dans laquelle on aurait discuté à fond les moyens de rendre la responsabilité du Conseil d'Etat *efficace*: j'insiste sur ce point, puisqu'il est un des ressorts du gouvernement représentatif adopté en 1816 par l'ancienne république et le nouveau canton de Genève, mais je crains bien que tant que les deux Conseils siégeront dans la même salle, et qu'un seul aura l'initiative des lois, il ne soit impossible d'obtenir le développement promis par le préambule de notre charte, parce que la présence du Conseil d'Etat, *en masse*, à la délibération du Conseil Représentatif, est gênante, surtout quand il est question de lui aussi directement que dans la proposition de M. Fazy-Pasteur ou dans celle de l'initiative des lois.

Une autre cause indirecte qui retarde *l'éducation constitutionnelle*, c'est la défaveur que des personnes influentes des deux sexes jettent quelquefois sur les hommes qui ont assez de *courage civil* pour signaler les lacunes de la constitution. Or, en méditant sur les propositions individuelles présentées pendant la session de décembre 1837, on conviendra que ces lacunes sont nombreuses, et que plusieurs de ces propositions ont surtout fait sentir vivement l'absence totale de responsabilité du corps chargé de l'exécution des lois, sur un point bien capital pour le siècle où nous vivons, *sur les travaux publics*. J'invite le lecteur à consulter à cet égard le développement de la proposition de M. Hornung, relative à la création d'un *architecte cantonal*, dans le Mémorial des séances du Conseil Représentatif, qui est pour Genève ce que le *Moniteur universel* est pour la France. Toutes ces propositions m'ont confirmé dans la conviction de la nécessité de partager l'initiative des lois entre les deux Conseils, et de ne plus confier leur sort définitif à l'arbitraire de celui qui est chargé de l'exécution des lois. Les arguments opposés à la proposition de M. Fazy-Pasteur m'ont aussi confirmé dans l'opinion que le trop grand nombre de Conseillers d'Etat dispersait la responsabilité *morale* de ce corps, la seule qui existe tant que la proposition de M. Fazy ne sera pas adoptée.

La marche des délibérations du Conseil Représentatif, depuis sa création, confirme plusieurs remarques, fines et judicieuses, de Jérémie Bentham, dont les ouvrages méritent d'être médités par les jeunes gens qui se destinent à l'honneur de représenter leurs concitoyens. *Les Sophismes dilatoires*, et la *Tactique des assemblées législatives*, traduits par Etienne Dumont, de Genève, devraient être le *vade-mecum* de tous les jeunes députés dans tous les pays constitutionnels.

Il faut du *courage civil* pour résister à ces *phrases de salon* qu'on lance sur les constitutionnels rigides. Il faut du courage civil, pour mépriser le reproche d'être *mal pensant*, prodigué à ceux qui ne votent pas imperturbablement avec le pouvoir exécutif, quel que soit son titre ; il faut du *désintéressement civil* dans ceux qui se destinent à faire partie de ce pouvoir exécutif, pour demander sérieusement des garanties constitutionnelles contre les empiétements de ce corps permanent et compacte, composé d'hommes *faillibles*, et susceptibles par conséquent de toutes les faiblesses de l'humanité. Il faut de *l'indépendance morale* pour oser soutenir que l'administration du canton de Genève doit être soumise aux règles qui régissent tous les gouvernements constitutionnels possibles ; il faut s'élever jusqu'à la pensée de nos ancêtres, pour confier au procureur-général le soin d'en appeler à la médiation du Gouvernement fédéral, pour éviter les interventions *étrangères*.

Depuis que des hommes trop ardents ou de mauvaise foi ont dépopularisé en Europe *les idées libérales*, il faut une dose de courage moral et civil, plus qu'ordinaire, pour les défendre publiquement, et surtout dans les salons où il n'est plus de très-*bon goût* d'être libéral.

J'ai assisté (comme je l'ai dit plus haut), le 11 décembre 1837, à un exercice de la Faculté de droit, *en matière pénale ;* eh bien !

je voudrais qu'il y eût aussi des exercices de *droit constitutionnel*, où l'on poserait des questions pareilles à celles-ci :

A qui doit appartenir l'initiative des lois, dans un gouvernement représentatif?

Par qui doit être exercé l'appel à l'autorité fédérale dans un gouvernement *fédéral*, quand il s'élève des troubles dans un *état particulier?*

Dans l'intérêt de *la chose publique*, le corps qui exerce le pouvoir exécutif doit-il être nombreux ou restreint?

Depuis que les séances du Conseil Représentatif sont publiques, n'est-il pas imprudent, autant qu'inconvenant, de prédire qu'une loi ne sera pas exécutée?

Le droit de chasse est-il inhérent à *la nature de l'homme*, ou n'est-il pas plutôt un attribut *exclusif* du *droit de propriété*, puisque pour chasser il faut entrer sur les terres de quelqu'un, et y entrer *armé*, ce qui est contraire *au droit commun!* le propriétaire n'est-il pas suffisant pour se débarrasser des animaux nuisibles qui infesteraient son domaine?

Dans un pays mixte, quelle doit être la position du pouvoir exécutif à l'égard des ministres des différents cultes ?

Le Code pénal actuel est-il suffisant pour réprimer le duel ?.....

L'exemple de la Toscane ne doit-il pas engager tous les pays civilisés à abolir la peine de mort ?

La guerre ne pourrait-elle pas être évitée par la création d'un tribunal arbitral permanent et siégeant dans une ville centrale ?

Ne devrait-on pas allouer une indemnité aux personnes qui auraient été arrêtées et punies injustement, en vertu *d'une erreur judiciaire?* Ne devrait-on pas former une caisse avec les *amendes* (1) pour être employées à ces indemnités, comme l'avait ordonné Léopold, grand-duc de Toscane, le même qui avait aboli la peine de mort ?

(1) Si l'on fait une loi contre le duel, les *amendes* y joueront probablement un rôle important ; eh bien, les duellistes téméraires, les ferrailleurs, les provocateurs de ces guerres privées, serviront au moins à indemniser les victimes des erreurs trop fréquentes de la justice humaine, erreurs bien cruelles, bien déplorables, surtout quand elles vont jusqu'à priver une créature humaine de la vie, mais qui doivent être réparées *quand la chose est possible.*

La société a-t-elle le droit d'infliger des punitions plus sévères aux militaires qu'aux autres citoyens, sous prétexte que la discipline et le salut de l'armée exigent *un Code exceptionnel*; cette société ne devrait-elle pas plutôt renoncer à l'entretien de ces armées *permanentes* qui menacent toujours la paix du monde, et qui entraînent ces marchés d'hommes qu'on appelle *remplacements*, et qui font parcourir un cercle vicieux aux Etats qui s'imposent cette charge, car ils s'endettent à leur occasion et font ensuite la guerre pour les utiliser ?

Quels sont les caractères et les devoirs essentiels du ministère public *en général*, et du *procureur-général* dans le canton de Genève en particulier ? Le ministère public ne doit-il pas (sauf de rares exceptions qu'il faut signaler) poursuivre d'*office*, aussitôt que la loi ou la Constitution sont violées ? Dans un gouvernement *fédéral*, le ministère public n'est-il pas très-bien placé pour invoquer la médiation (1), et enfin le secours de l'autorité *cen-*

(1) Tous les efforts des *penseurs* du 19me siècle devraient se tourner vers la solution du problème de la médiation à créer soit à l'intérieur soit à l'extérieur de l'Etat, pour évi-

trale, quand il y a collision entre les pouvoirs cantonaux, et que l'autorité judiciaire n'est plus suffisante pour la terminer ?

L'emprisonnement *solitaire* doit-il être substitué par le Code pénal à la peine de mort, ou doit-il être appliqué seulement comme mesure disciplinaire par le directeur des prisons, sous la surveillance du comité qui lui est adjoint ?

Le législateur n'aurait-il pas mieux servi la cause de la morale publique, en abolissant *absolument* la peine de mort, qu'en admettant des *circonstances atténuantes* qui tendent à dénaturer les crimes aux yeux des masses, et à leur enlever ce qu'ils ont de révoltant. Ne doit-on pas penser avec Montesquieu, que la peine la plus grave remplace promptement celle qui existait auparavant dans l'échelle de ces peines ?...

ter l'appel aux armes qui est la négation humiliante des forces morales, en proclamant leur impuissance, et qui rappelle le mode brutal de dénouer le *nœud gordien*, mode qui rendrait inutile et même ridicule l'étude du *droit*, puisqu'il en tient lieu, et qu'il faudrait mettre à sa place l'étude de l'emploi de la force brutale ; aussi le célèbre Grotius tombe-t-il lui-même dans des contradictions continuelles, quand il cherche à concilier le *droit* avec la *force*.

Quels sont les principes fondamentaux des divers gouvernements, et quelles sont les institutions qui en découlent (1) ?

Montesquieu, l'auteur de l'*Esprit des Lois*, a essayé de caractériser tous les gouvernements et d'assigner à chacun l'esprit qui leur était propre ; il nous a laissé un grand exemple à suivre, sachons profiter de l'expérience acquise depuis l'apparition de ce grand ouvrage ; sachons profiter de la liberté indéfinie de discussion dont nous jouissons maintenant, et dont il était privé pour repousser les fins de non-recevoir que les ennemis du *progrès* vont chercher partout, pour lui résister.

(1) Cette question est surtout importante à poser dans un pays où il y a deux sessions législatives cantonales et une fédérale chaque année, pendant lesquelles chaque membre a le droit de proposer des amendements à la Constitution. Il faut se mettre en mesure de les soutenir et de repousser logiquement certaines fins de non-recevoir, basées le plus souvent sur des considérations purement personnelles et locales. Une fois qu'un pays a adopté une forme de gouvernement quelconque, il doit en développer graduellement les conséquences, sans s'arrêter aux différences nationales, parce que ce sont les institutions qui font les hommes, comme l'histoire nous le démontre ; il ne faut qu'un peu de patience pour les appliquer.

Aujourd'hui ce sera le climat, demain la position topographique, le trop petit ou le trop grand nombre d'habitants, qui offriront des obstacles à l'application de telle ou telle théorie jugée saine dans le sens absolu; admettez, si vous voulez, des *nuances*, mais restez ferme comme un roc sur le *fonds* une fois qu'il aura été admis d'une manière sérieuse, après avoir été reconnu praticable. Par exemple, quand le système représentatif a été une fois admis en faveur des hommes capables de défendre les intérêts du pays, travaillez toute votre vie, s'il le faut, à obtenir pour eux les moyens d'accomplir leur mission d'une manière *complète* ; il vaudrait mieux transiger sur les conditions de l'élection, que sur les pouvoirs à confier aux députés *élus* ; qu'ils aient surtout le droit de *proposer* et de voter la Loi !....

Ne croyez pas par exemple, que les Anglais fussent devenus ce qu'ils sont (une grande nation), sans leurs institutions : étudiez ce qu'ils leur doivent, et concluez-en que des institutions analogues donneraient à toute nation qui les adopterait cette *dignité* qui vous plaît en eux. Mais que cette préférence ne vous rende pas injuste envers les nations qui ne jouissent pas de ces institutions (1); *soutenez seulement que tous les hommes, sans exception, sont susceptibles de les recevoir et de les développer en plus ou moins de temps* ; car, par exemple, le fonds des institutions anglaises et américaines est une idée bien simple : *Obéissance à la Loi proposée et votée par vos représentants que vous avez élus et que vous ne réélirez pas si vous n'en êtes pas contents !....*

(1) Cela posé, admettez que telle nation est mieux préparée qu'une autre à faire ses affaires elle-même, ou plutôt *à choisir, à élire ses gens d'affaires ou ses députés ;* admettez qu'il est tel souverain, né sur le trône, d'une telle capacité, d'un tel caractère, qu'il fait peut-être aussi bien les affaires de la nation que s'il avait été élu par elle ; réjouissez-vous de ces *accidents heureux* (comme les appelait lui-même l'empereur de Russie, Alexandre); mais ne déshéritez aucune nation du droit d'entourer *un jour* le pouvoir exécutif (quel qu'il soit) de ses députés !...

SUPPLÉMENT.

Comme cet écrit est plus particulièrement dédié à MM. les étudiants de l'Académie de Genève, j'appuierai l'opinion que j'y ai émise sur l'initiative des lois, de l'autorité de M. Cherbuliez, professeur chargé de leur enseigner le droit public ; or, je trouve page 20, tome II de son ouvrage intitulé : *Théorie des garanties constitutionnelles*, le paragraphe suivant : « Le corps exécutif exerce l'initiative *exclusive*, lorsqu'il a *seul* (1) le droit de faire des propositions, c'est-à-dire de soumettre aux délibérations du corps législatif les questions sur lesquelles celui-ci est appelé à se prononcer. Sous cette forme le contrôle ne se présente plus comme une opposition directe aux volontés du Corps législatif, car il a justement pour effet d'*empêcher la manifestation légale et régulière de ces volontés*. Que les orateurs

(1) Or, telle est la prérogative du *Conseil d'Etat* de Genève.

de la législature, expriment quand l'occasion s'en présente, ce qu'ils croient être le vœu de l'assemblée, sur une question non soumise à ses *délibérations, ce n'est jamais qu'une manifestation individuelle, à laquelle la votation ne vient point attacher le caractère de volonté collective émanée de la majorité du Corps.*

« L'initiative *exclusive* est donc plus facile à exercer que le *veto absolu;* elle exige moins de force dans le corps qui l'exerce, mais précisément par cette raison, elle est *plus dangereuse;* il est plus à craindre qu'on ne s'en serve *pour arrêter ou retarder la marche progressive de la législation et le développement des institutions du pays.* » (1)

Je crois devoir citer ici un fragment de la préface du même ouvrage, en le faisant suivre de quelques réflexions sur le rôle que peuvent jouer les professeurs de droit et les jurisconsultes en général, dans les assemblées législa-

(1) On ne peut pas inviter plus clairement les amis du progrès à placer l'*initiative* dans le Corps Législatif, nommé pour peu de temps, connaissant les vœux de la nation, et ayant un intérêt direct à les satisfaire; Montesquieu et Delolme ont émis la même opinion sur l'*initiative des lois* dans leurs ouvrages.

tives ; mais laissons parler d'abord M. Cherbuliez !...

« *Les penseurs consciencieux* vivent peu « dans le présent ; leur domaine, c'est l'ave- « nir. Ils savent que la vérité triomphe tôt ou « tard de l'erreur ; ils savent que le temps use « les résistances, modifie les intérêts, dissipe « les préventions, amortit les passions ; et forts « de leur confiance dans ce puissant auxiliaire, « ils poursuivent courageusement leur route, « et bravent la défaveur qu'une opinion in- « juste attache à leurs travaux. »

J'ajouterai ou j'opposerai à ces réflexions, que comme *les professeurs de droit* peuvent siéger dans les Corps législatifs, ils peuvent aussi y défendre et même y faire admettre dans la pratique, leurs *Théories constitutionnelles*. Le bonheur des hommes, le sort du *progrès* dans toutes les branches, pouvant dépendre de cette admission, des jurisconsultes distingués ne consentiraient probablement pas à les voir reléguées parmi les *utopies*; ils ont bien prouvé, dans la discussion soulevée par la suspension de M. le pasteur Chenevière, qu'ils prétendaient donner leur avis motivé et *contradictoirement* sur les questions les plus graves, telles que celles qui se rattachent aux rapports de l'Eglise avec l'Etat. J'ose espérer que lors de la révision (tant promise) du Code pénal, ils seront aussi favorables à l'abolition absolue de la peine de mort, que leur collègue Charles Lucas. Si les étudiants en droit ont leurs *exercices,* les avocats ont leurs *conférences* où ils abordent toutes sortes de questions ardues et de la plus haute importance sociale.

Un respectable jurisconsulte du canton de Vaud, partisan zélé de l'*abolition absolue de la peine de mort*, à qui j'avais envoyé la petite brochure contenant le récit concernant la condamnation d'un jeune homme *puni pour un crime dont il était innocent,* m'écrivit, le 23 décembre 1837, une lettre pleine de sympathie où se trouvait le paragraphe suivant :

« Un très jeune homme des environs de Nyon « (je crois que c'était un nommé *Maire,* de Pro« monthoux), se rendit il y a environ 70 ans à « Genève où il arriva à la nuit; étant très-fati« gué, il s'étendit sur le banc d'une de ces pe« tites boutiques qui étaient sous les dômes « des rues Basses près de la Cité, et s'endor« mit ; pendant la nuit on commit un vol « dans un magasin; la police, très-active à Ge-

« nève, s'empara du jeune homme encore en-« dormi et le conduisit au magistrat ; on trou-« va sur lui la clef du magasin où le vol avait « été commis ; il fut troublé, on l'appliqua à « la torture, et la douleur lui fit avouer un cri-« me dont il était innocent ; il fut condamné « à mort et exécuté ; quelque temps après un « soldat de la garnison, qui avait coopéré au vol « du magasin, et qui étant de patrouille avait « glissé dans la poche du jeune homme la « clef du magasin, fut arrêté pour un autre « délit, et avoua non-seulement ce dernier « crime, mais encore celui du magasin, *en met-« tant en pleine évidence l'innocence du jeune « homme qui avait été pendu* (1). Les magis-

(1) Un estimable savant, membre de l'Institut royal de France, M. Poisson, a publié un ouvrage très-remarquable sur la *probabilité des erreurs judiciaires*, qui milite puissamment en faveur de l'abolition de la peine de mort. Un jeune ecclésiastique, M. *Witz*, a choisi pour le sujet de sa thèse de réception au grade de docteur en théologie à Strasbourg, *les motifs qu'on trouve dans l'Evangile pour abolir la peine de mort*. M. Aimé Martin, ancien professeur au collége de France, a repoussé cette peine dans un ouvrage récent, où il signale les institutions conformes à la civilisation actuelle. Genève resterait-elle en arrière dans un aussi beau mouvement ? J'espère que non !...

« trats s'empressèrent d'abolir la torture, mais
« laissèrent subsister la peine de mort ; qu'ils
« achèvent leur ouvrage en supprimant aussi
« cette peine, et ils mériteront bien de l'hu-
« manité entière, car la question de la peine
« de mort appartient à l'humanité en général,
« et aucun motif spécial ne peut en justifier
« la continuation pour Genève en particulier.
« J'espère donc, M. le comte, que (comme
« vous le dites à la fin de vos judicieuses, mais
« trop courtes réflexions sur l'affaire Berseth),
« Genève substituera *légalement* à la peine de
« mort une réclusion *laborieuse*, entourée de
« tous les secours moraux et religieux. »

QUELQUES

MAXIMES CONSTITUTIONNELLES.

Le pouvoir exécutif (1) doit, à l'ouverture des sessions législatives, exposer son système de gouvernement passé et à venir.

A la même époque, le pouvoir législatif doit exposer le tableau de ses travaux passés et de ses projets pour l'avenir, par l'organe de son président.

Chaque corps doit avoir son président *particulier* qui soit l'organe de sa pensée.

Chaque fois qu'un corps délibère *sur une question importante*, la demande d'une commission nombreuse doit être accueillie avec faveur ; c'est le seul moyen d'échapper aux *surprises* ou à l'omnipotence de la majorité.

(1) La forme du gouvernement n'y fait rien, car tous les pouvoirs exécutifs du monde ont à peu près les mêmes attributions et le même intérêt.

Il faut renouveler souvent l'élection du Corps *législatif*, et prolonger en revanche les fonctions des membres du pouvoir *exécutif* afin de profiter de leur expérience !

Il faut multiplier autant que possible les députés *directs* de la nation, pour mieux connaître sa volonté et restreindre en revanche le nombre des membres du pouvoir exécutif et administratif.

Il faut que le Corps législatif jouisse de l'initiative des lois concurremment avec le pouvoir exécutif.

Il faut que les députés préludent à la session par des réunions *préparatoires* (1).

(1) En face d'un corps *permanent*, le corps *mobile* aurait trop de désavantage s'il ne s'entendait pas d'avance *avec lui-même* sur les grandes questions, telles par exemple que la révision du Code pénal promise dans toute l'Europe, et à Genève en particulier, à la grande époque de 1814, qu'il faut étudier soigneusement quand on s'occupe du droit public et international de l'univers, et de la Suisse en particulier.

Résumé de mes vœux

POUR L'ANNÉE 1838.

Je désire que la fête de la Restauration soit reportée au mois de Juin, époque anniversaire de l'admission de fait de Genève dans la Confédération Suisse.

Je désire que le Conseil Représentatif ait un *Président particulier* nommé par lui, et que dans les grandes solennités il réponde au discours du Conseil d'Etat au nom du Conseil Représentatif, par une sorte d'*adresse*.

Je désire que le Conseil Représentatif ait sa part dans l'*initiative des lois*, pour faire débattre et *voter* celles que réclame l'intérêt de l'humanité (1) et de la patrie.

(1) Chacun devine que je veux parler ici de l'*abolition absolue de la peine de mort*.

www.ingramcontent.com/pod-product-compliance
Ingram Content Group UK Ltd.
Pitfield, Milton Keynes, MK11 3LW, UK
UKHW020220180726
13838UKWH00005B/2098

PROJET
D'UNE FÊTE
POUR FAIRE SUITE A CELLES DU COURONNEMENT,
OU POUR L'ANNIVERSAIRE
DE LA NAISSANCE DU FONDATEUR
DE L'EMPIRE FRANÇAIS,
ADRESSÉ
AU GOUVERNEMENT IMPÉRIAL
PAR STANISLAS MITTIÉ,
AUTEUR DU PROJET D'EMBELLISSEMENTS POUR PARIS.

Dans vos descriptions soyez riche et pompeux.
BOILEAU.

A PARIS,
Chez DESENNE, Libraire, Palais du Tribunat, n° 2.
L'AUTEUR, rue du Doyenné, n° 15, près les galeries du Louvre.
Le Projet d'embellissements pour Paris et celui des moyens d'exécution se trouvent chez les susnommés.
AN XIII. (1804, 1805.)

Lb44
1580

AVERTISSEMENT.

Comme le Gouvernement n'admet que les projets de fête des architectes et autres artistes reconnus pour les plus expérimentés dans le bel art des enchantements, mon but, comme amateur du merveilleux, est d'échauffer leur génie, en présentant des idées neuves qui leur en feront naître bien sûrement de plus ingénieuses... Je le desire pour la pompe impériale et pour l'amusement du peuple.

Je donne, page 24, aux lettres (*a*) et (*b*), l'explication de tout ce qui pourroit paroître *impossible* ou *difficile* à exécuter.

TROISIEME PARTIE.

PROJET
D'UNE FÊTE
POUR FAIRE SUITE A CELLES DU COURONNEMENT
DE NAPOLÉON IER,
EMPEREUR DES FRANÇAIS.

J'AI annoncé dans le titre de mon *Projet d'embellissements pour Paris* (an XII) la fête de MARS comme si j'eusse prévu que ce seroit celle du couronnement du HÉROS de la France. Mais puisque la célébration des cérémonies aura lieu au mois de frimaire, où la nature prend le *deuil*, si on remettoit les *divertissements extérieurs* dans les beaux jours du printemps, qui ramene les fleurs, les zéphyrs, et les chantres de l'aurore, je proposerois ce qui suit.

Pour suivre l'ordre des choses et donner de l'essor à mon imagination, je suppose ici que nos grands architectes, qui accélerent les travaux de la fête avec les *baguettes des fées*, placent au bout de la terrasse du jardin impérial le *temple de la Gloire*, qui a servi dans les Champs-Elysées pour la paix qu'on avoit faite avec la Grande-Bretagne, et que, pour agrandir la salle, ils suppriment les colonnes de l'intérieur, ferment les entre-colonnements de l'extérieur par des toiles peintes, afin de pouvoir figurer des croisées en draperie, mettre entre chacune des glaces, des girandoles, et sur la corniche la galerie publique. J'entre dans les détails de mon *projet de fête*, où je quitte le langage de la finance et celui de l'architecture pour entrer dans les *féeries*.

Le bruit des fanfares, et le feu de file de cent pieces de canon qui bordent la Seine depuis le quai BONAPARTE jusqu'au palais du Corps législatif annoncent l'entrée pompeuse du nouveau Souverain dans le temple de la Gloire, où il y a un somptueux banquet de quatre cents couverts. S. M. L'IMPÉRATRICE, toute rayonnante par l'éclat merveilleux de son diadême et par ses graces, en fait le principal ornement.

Le plateau proportionné à la table représente un riant parterre où brillent les fleurs dont les parfums égalent ceux de l'Arabie, de l'Abyssinie et de l'Ethiopie.... Au milieu est le temple de l'Amour, couronné par les étendards, les drapeaux, les pavillons français, et ceux des principaux monarques du continent, qui sont les gages de leur parfaite union et les signes de la satisfaction publique.... On voit sur le pourtour des frises en transparent, des trophées, des emblêmes, et des devises relatives aux avantages de la paix, au retour de l'ordre, et au bonheur des peuples.

C'est dans ce temple, sous lequel est suspendu un lustre, que VÉNUS et ADONIS (1) goûtent sur un sofa de roses les douceurs du sommeil, jusqu'au moment où ils sont réveillés par le chant voluptueux du rossignol et par le ramage d'autres oiseaux qui, perchés sur des tiges fleuries célèbrent leurs feux au doux bruit des ondes (2).

Cette déesse, qui est l'astre de ce lieu enchanté où tout respire l'amour, fait sa toilette avec toute la recherche de la coquetterie..... Une aigrette, une fleche, un coq et un papil-

---

(1) Ce sont les enfants de la danse du théâtre des Arts.

(2) Des oiseleurs qui savent imiter le chant du rossignol et le ramage des autres oiseaux sont cachés sous le feuillage qui couvre les ouvertures de la table.

lon, emblêmes de l'Amour, font ressortir tout l'éclat de sa beauté..... ADONIS, qui en est tendrement aimé, l'entretient de sa passion, en pantomime.... Le perroquet, aussi instruit et aussi facétieux que l'étoit *Vert-vert*, qui vient de figurer au salon des tableaux, parle sur la nouvelle du jour; et la conversation finit par rire jusqu'aux éclats (1).

A la seconde scene Vénus et Adonis prêtent une oreille attentive aux doux sons d'une musique invisible (*elle est sous la table*); c'est la fiûte, le cor et le hautbois qui se marient avec les voix douces, pures et légeres des nymphes dans cet air délicieux d'*Echo et Narcisse*, qui flatte l'oreille et l'imagination; puis elles chantent en chœur la vertu, la tendresse, et la sensibilité des femmes qui fournissent tant de braves soldats à la patrie, et font l'ornement de ce monde, comme le soleil fait la décoration de l'univers.

Le concert fini, des enfants de la danse montent par une petite allée sur le parterre,

---

(1) Comme les sujets de la danse ne parlent point sur le théâtre, des acteurs et ceux qui savent contrefaire les perroquets remplissent la scene sous la toilette, où il y a une ouverture; de maniere que l'illusion est parfaite.

sous les costumes des nations amies de la France.... Les uns promenent leurs yeux sur les beautés de la nature..., les autres braquent les lorgnettes sur d'aimables objets...., et tous sont extasiés de voir dans les bassins latéraux des cygnes d'un plumage argenté circuler autour des jets d'eau qui montent en gerbe sous les lustres de crystal, où jaillissent d'autres petits jets d'eau entre les feux des bougies répétées sur le miroir des ondes; puis on les voit entrer dans le temple de l'amour, où ils exécutent des danses de caractere qui flattent les regards.

Pendant les intervalles de la danse, les premiers artistes de l'académie impériale de musique, placés sur les galeries, signalent admirablement les talents du chant dans ce *duo* où *Orphée* avec *Eurydice*, par un mariage enchanteur de la lyre avec la voix, portent dans l'ame l'ivresse du plaisir; ensuite ils chantent des couplets sur les éclatantes victoires du triomphateur de l'Europe, sur les actions héroïques des amants de la gloire, et sur l'heureuse harmonie qui regne entre l'Empire français et ses fideles alliés.... Un instant après les sons belliqueux des instruments de guerre retentissent sous la voûte, ébranlent les sens des spectateurs, et enflamment le courage de nos invincibles généraux, comme s'ils vouloient retourner au champ d'honneur pour y cueillir de nouveaux lauriers.

Chaque santé (1), portée avec enthousiasme, reçue avec transport, et couverte d'applaudissements, est suivie d'une décharge d'artillerie.

Au lever de table, (2) le canon donne le

(1) Je ne sais pas pourquoi dans toutes les fêtes on emploie le mot *toast*, qui n'appartient qu'à une nation étrangere naturellement ennemie de la France.

(2) En 1464, lors du mariage de Charles-le-Téméraire, duc de Bourgogne, avec la reine Marguerite d'Angleterre, qui s'est fait à Bruges, il y avoit sur la table pour le premier service trente vaisseaux en or et en argent, avec leurs voiles et leurs agrès complets; et au dessert un lion, dont il sortit quatre hommes qui chanterent *moult merveilleusement;* six ours qui sonnoient de la trompette, et une baleine dont il sortit aussi quarante sauvages qui exécuterent une danse à la mode de leur pays, etc.

Il ne faut donc pas s'étonner si je mets les enfants de la danse sur cette table, ni si l'on voit sur celle qui est mécanique dans le *temple de la Gloire* (page 13 du Projet) un bassin représentant la mer, sur laquelle naviguera une flottille, montée aussi par des enfants, qui bloqueront les ports, côtoieront les rives, et feront la manœuvre sans le secours des rames.... Pour varier, j'y mets diverses décorations en relief, comme villes, rivieres, campagnes, forteresses, armées rangées en bataille, etc. Les fenêtres de ce temple tout brillant de marbre sont en nappes d'eau, les entre-croisées en colonnes hydrauliques, et devant les glaces il y a des jets d'eau.... Ce qui tient à l'enchantement.

signal d'un combat sur la place de la Concorde. Aussitôt l'Empereur et les illustres convives paroissent devant les balustrades de la terrasse, où ils sont accueillis par des acclamations universelles et par une triple salve d'artillerie qui remplissent l'espace immense des airs et frappent à coups redoublés les échos d'alentour.

Un peuple innombrable est assis sur les grands amphithéâtres adossés aux remparts du jardin, aux colonnades de la place et près de la riviere, depuis le nouveau pont jusqu'à l'entrée de l'ancien Cours-la-Reine, pour y jouir du spectacle des combats qui vont se livrer.

La porte des Renommées représente celle d'une ville de guerre : l'armée française défend la place ; l'armée ennemie est retranchée dans le bois hérissé de bouches à feu en batterie.... Des piquets de cavalerie et d'infanterie coupent l'avenue de Chaillot et le grand chemin de Versailles, pour intercepter les renforts et arrêter les dépêches ministérielles du cabinet des Tuileries.

L'action s'engage au déclin du jour par des escarmouches, des affaires d'avant-postes et des combats partiels.... L'ennemi, supérieur en forces, bat la place, s'empare de plusieurs canons, met le feu à une petite forteresse, qui s'enflamme, et foudroie deux fois les Français jusque dans les retranchements : mais ceux-ci, non rebutés, redoublent leurs efforts; et comme nos soldats ont tous des corps de fer et des ames de feu qui bravent le glaive et la mort, ils s'élancent avec impétuosité sur l'ennemi et pénetrent dans les rangs, où l'on entend les cris de la fureur, le cliquetis des armes étincelantes, et le hennissement des chevaux au milieu d'un feu plus effrayant que celui des enfers, qui dure sans interruption jusqu'à l'entrée du bois, où l'ennemi trouve son salut à la faveur des ombres de la nuit.

Les enfants de MARS restés maîtres du champ de bataille, les spectateurs signalent leur enthousiasme par des cris de *bravo* qui retentissent dans les airs.

Le second signal est le combat de deux escadres, l'une française et l'autre anglaise, rangées en ligne de bataille dans les eaux de la Seine, brillamment illuminée depuis le pont des Tuileries jusqu'à celui de la Concorde, où je les suppose, par un *autre tour de baguette d'Armide* qui veut aussi célébrer le couronnement.

Pendant que les orchestres jouent des airs de bravoures sur les terrasses des hôtels du beau quai Bonaparte, l'amiral anglais combine les moyens de brûler l'escadre française avec les *machines incendiaires du cabinet britannique,* et d'achever sa destruction par l'heureuse invention des *nouvelles bombes remplies de mitraille qui éclatent en l'air et retombent en grêle de balles* (1); puis il donne en même temps que l'amiral français les signaux du combat.... Ils sont répétés par les pavillons déployés, pavoisés et hissés à bord des deux escadres.... L'ancre levée et les voiles déployées dans les airs où elles flottent au gré

(1) *Dupré*, Dauphinois, qui avoit passé sa vie à cultiver la chimie, inventa un feu si rapide et si dévorant qu'on ne pouvoit ni l'éviter ni l'éteindre; l'eau lui donnoit une nouvelle activité. L'expérience en a été faite sur le canal de Versailles, en présence de Louis XV : elle fut répétée à l'arsenal et dans l'un de nos ports, où d'intrépides officiers marins en furent effrayés.... *Dupré* pouvoit détruire une flotte et brûler une ville sans qu'aucun pouvoir humain y pût donner le moindre secours.... Le Roi, au lieu d'employer ce moyen destructif contre l'Angleterre, avec laquelle nous étions alors en guerre, donna une récompense à *Dupré*, en lui faisant promettre de ne point communiquer son funeste secret.... Il paroit, pour le bonheur de l'humanité, qu'il a tenu sa parole en l'emportant avec lui dans le tombeau.

des vents, les deux armées navales manœuvrent avec une étonnante précision : on essaie respectivement de mettre à bord les troupes de débarquement.... ; elles sont vigoureusement repoussées par le feu ardent des nombreuses batteries placées devant les parapets, et par l'infanterie retranchée sous leurs murs.... Les deux rives sont bombardées, le combat s'échauffe, l'affaire devient générale, les batteries font feu des deux bords, la mousqueterie joue jusqu'à l'abordage, où les Français, aussi *furieux* dans les combats qu'*humains* après la victoire, s'élancent le fer à la main sur leurs féroces ennemis, qui tombent sous les coups des vainqueurs... Plusieurs bâtiments démâtés, rasés et criblés de boulets chavirent.. . Le carnage redouble au milieu de l'effroyable confusion, où l'on entend nos trompettes marines entonner la victoire. On jette les cadavres à l'eau (1), qui paroît teinte de sang par le feu de la bataille, durant laquelle le bronze retentit dans le bois, sur les bords de la Seine, et jusqu'aux rives de l'Angleterre, où nos formidables armées vont descendre pour lui dicter une paix durable qui la mettra dans l'impuis-

(1) Ce sont des mannequins.

sance de ruiner le commerce des nations, de brocanter l'espece humaine, et de corrompre les cours européennes pour renouveler les fléaux de la guerre, ensanglanter la terre et l'onde que son gouvernement couvre du poids de ses crimes.

Après ce combat sanglant entre les deux nations rivales, qui a offert le spectacle d'une belle horreur, huit orchestres surchargés de musiciens font entendre une agréable harmonie dans la place de la Concorde (1), où les yeux sont frappés du plus bel éclat par l'illumination générale qui éclaire la nuit.

Au troisieme signal on amene au milieu de cette place un superbe ballon, sur lequel sont en transparents les portraits de Napoléon et de Joséphine. Le pourtour forme un brillant feu d'artifice qui au moment convenu tombe en gouttes d'or, de perles et d'azur; puis les renommées placées dans la nacelle sonnent de la trompette, les orchestres jouent l'air ravissant *Où peut-on être mieux qu'au sein de sa*

(1) Les orchestres montés sur des roulettes sont dans la rue Saint-Florentin, pour les traîner après la bataille sur la lisière du bois.

famille? Et les cris de *Vive l'Empereur* mille fois répétés s'élevent dans les airs.

Ici le canon donne le quatrieme signal d'un beau feu d'artifice sur la lisiere du bois, où l'on voit les forges de Vulcain, la descente d'Orphée aux enfers, et les flammes du Bengale qui répandent une couleur magique (1) sur la brillante assemblée des nations réunies.

Comme la foule est par-tout, au cinquieme signal les citoyens qui sont sur la grande place des Invalides, le chemin de Versailles, et les habitants de Passy à leurs fenêtres, sur les terrasses et dans les jardins de cette colline, voient avec suprise, à une certaine élévation du dôme des Invalides, sortir des nuages la *lune,* des *cometes,* des *aurores éblouissantes,* et des *météores enflammés,* qui en traversant l'espace des airs semblent menacer les têtes des spectateurs.

Un instant après survient un orage qui voile le ciel azuré : on entend sous la voûte des cieux, dans les hautes, moyennes et basses régions, les lugubres roulements des tonnerres, et l'on

(1) Ces feux d'artifice, aussi montés sur des roulettes, sont dans la rue des Champs-Elysées, où après la bataille on les met en place.

voit dans l'obscurité de la nuit les éclairs fendre la nue et blanchir l'horizon.... D'un autre côté les irruptions volcaniques du mont *Etna* (l'ancien calvaire), vues des spectateurs jusqu'à la Samaritaine, éclairent l'olympe où elles forment une enceinte de feu.

Pendant les intervalles de ces phénomenes apparents, le *Vésuve,* placé dans la cour de l'hôtel près la grille, lance des bouffées d'étincelles, des tourbillons de fumée, des colonnes de flammes ondoyantes, accompagnées d'un *déluge de pluie,* de coups de tonnerre violents, et d'un bruit souterrain, après lequel on voit sortir de la bouche du volcan LUCIFER sur son trône de feu, au pied duquel sont les officiers de sa cour armés de torches ardentes..... L'ANGE EXTERMINATEUR plane sur la tête de ce chef des démons, où il annonce au son de la fatale trompette *le jugement dernier et la fin du monde.*

Après cet épouvantail *diabolique,* qui fait des impressions salutaires sur l'esprit des *mécréants,* l'ange, Lucifer et toute sa cour disparoissent.... Le ciel en courroux fait de nouveau éclater sa vengeance.... Le tonnerre gronde, la foudre éclate, le Vésuve s'enflamme, et s'écroule avec un si grand bruit, que le peuple, horriblement épouvanté de ces catastrophes célestes et terrestres, croit que le ciel et la terre vont se dissoudre.

Comme le peuple est un enfant qu'on amuse par des tableaux frappants et sur-tout en faisant beaucoup de *fracas*, au sixieme et dernier signal partent à la fois les girandoles, les pots à feu, les chandelles romaines, les dragons volants, les bombes lumineuses, les grandes détonations, les batteries de marrons réglés, les roulements de cent pieces de canon, ceux de mille foudres, et l'explosion d'une poudriere qui ébranle le globe et embrase l'atmosphere au point que les impies, les méchants, les frippons, et les hypocrites, s'imaginant voir tous les *diables* s'agiter autour d'eux, se croient réellement pour cette fois dans les plus profonds abymes de l'infernal empire de SATAN ; mais, bientôt revenus de leur frayeur, ils se livrent comme les autres citoyens à l'expression de la plus vive joie qu'on voit briller dans tous les yeux.

Après tous ces coups de feux, qui épouvantent et amusent à la fois, les dames de la Cour s'asseyent sur des especes de fauteuils roulants, et sont accompagnées de plusieurs personnes de marque pour visiter les belles illuminations, les jeux d'adresse, les danses allégoriques, les ballets pantomimes, et les représentations théâtrales qui sont dans toutes les parties des Champs-Elysées, où retentissent les sons des instruments et les vifs transports de l'alégresse.

Les promeneurs voient aussi en perspective des grenadiers sur les guérites de la barriere, des renommées en transparent sur les pavillons et sur la grande étoile, une mappemonde étincelante, qui, paroissant détachée de la terre, semble un phénomene brillant au milieu de la nuit.

La Cour passe ensuite sur un pont de bateaux pour aller à l'hôtel impérial des Invalides, où elle est surprise de voir un beau banquet sous les *drapeaux de la victoire*, je veux dire dans la rotonde du dôme, sous lequel est suspendu un grand lustre. La musique est sur les corniches des angles, les rafraîchissements dans les quatre chapelles, et la grande salle de danse dans la cour des corridors. Les quatre façades sont étincelantes de lumieres, et les arcades ornées de lustres. Il y a au raiz-

2

de chaussée des gradins pour le parterre et des loges dans les galeries d'en haut ; au milieu est la musique, assise sur les marches d'un piédestal transparent, avec des devises ingénieuses, portant un obélisque illuminé, sur lequel est une étoile flamboyante.

Au retour de la promenade dans le jardin des Tuileries, la Cour et les illustres étrangers y voient un autre banquet d'un genre bien différent ; ce sont nos intrépides soldats placés autour du grand bassin octogone. Sur de jolies nacelles illuminées, des petits bateliers joûtent au son de la musique établie sur les marches d'un piédestal qui, placé sur le jet d'eau, porte la colonne nationale en feu de couleur de diamant, surmonté d'un globe au dessus duquel une statue représente la France victorieuse (1).

Ce banquet qui offre le coup-d'œil le plus surprenant, est répété sur le grand bassin circulaire avec cette différence qu'il y a sur le jet d'eau de celui-ci, la statue équestre du *Sauveur de la France*, revêtue des ornements impériaux avec des sujets allégoriques sur les faces du

---

(1) Au milieu d'une magnifique place que j'agrandis devant la superbe colonnade du Louvre s'élève majestueusement cette statue. Voyez pour les détails la page 54 du Projet.

piédestal, où on lit devant celle qui regarde le palais:

NAPOLÉON Ier REGNE DANS TOUS LES COEURS!

La Cour et les personnes de distinction qui ont honoré de leur présence ces divers spectacles rentrent dans le *temple de la Gloire* pour assister au bal paré dont voici les apprêts (1).

Sa Majesté L'IMPÉRATRICE, toujours rayonnante, occupe la premiere place du cirque; sur sa droite et sa gauche sont les princesses de France, les ambassadrices des cours étrangeres, les dames d'honneur du palais, et beaucoup d'autres d'une très haute importance, toutes richement parées de diamants, formeront un arc-en-ciel nuancé de mille couleurs, qui jetteront les spectateurs dans le ravissement.

Sur le second rang le MONARQUE français paroît dans tout l'éclat de la majesté impériale; à sa droite et à sa gauche sont les princes héréditaires, les représentants des puissances

(1) Pendant les divertissements de l'extérieur on aura le temps d'ôter la table, qui sera à compartiments pour l'enlever plus vite, et mettre autour de la salle des banquettes.

alliées et neutres, les premiers dignitaires et officiers de l'Empire, les ambassadeurs, ministres, conseillers d'état, et présidents des principales autorités administratives, qui tous se font remarquer par le goût, l'élégance, la richesse de leurs habits, et leurs décorations distinctives, qui ajoutent encore à ce bal de l'éclat, de la magnificence, et de la somptuosité.

Le troisieme rang sera destiné pour des personnes de haut parage, qui ne peuvent être placées au second rang.

Chacun ainsi placé par le grand-maître des cérémonies, le premier coup d'archet se fait entendre. M. *Gardel* et mademoiselle *Clotilde*, ouvrent le bal par le menuet de Psyché; et les autres premiers artistes de la danse, si essentiels pour les jouissances du public, exécutent différents quadrilles, exprimés avec ces transports de la volupté qui produisent dans l'ame des émotions délicieuses; ensuite ils font place à la fleur de la jeunesse riante et folâtre, qui déploie la légèreté, la souplesse et les graces. Les belles étalent tous leurs charmes au milieu d'un torrent de lumieres dont les reflets resplendissent sur les diamants, les glaces, et les décorations de ce temple; si bien que les convives et les spectateurs, éblouis par tant d'éclat, de merveilles, et de grandeur nationale, se croient *enchantés* par *quelque puissance invisible* qui dirige cette pompe céleste, et prend soin sans doute des destinées du plus grand des Potentats, afin qu'il puisse assurer la gloire, le repos, et la prospérité du plus grand des peuples.

Enfin, comme les plaisirs ne sont pas d'éternelles durée, lorsque la cour se retirera, la jeunesse au teint fleuri continuera à jouir du charmant exercice de la danse jusqu'au moment où l'Aurore ouvre au char du Soleil les portes de l'Orient.

C'est ainsi que finira la fête du couronnement, qui sera à jamais mémorable dans les annales de l'Empire français, et dont la postérité gardera un éternel souvenir.

EXPLICATION

DES PHÉNOMENES CÉLESTES ET TERRESTRES, AINSI QUE DES OBJETS MÉCANIQUES ÉNONCÉS DANS CE PROJET DE FÊTE.

(*a*) Page 7. *Les petits jets d'eau qui jaillissent entre les feux de bougies, des lustres de crystal, etc.*

Ces petits jets d'eau jaillissent par l'effet des tuyaux recelés dans les cordons de ces lustres; c'est la pompe des bains de Vigier qu'on fait descendre la riviere pour en faire le service et celui des bassins latéraux.... Si l'on veut se former une idée des féries, qu'on lise le *Projet d'embellissements pour Paris*, dont l'exécution en feroit le séjour des enchantements.

(*b*) Page 14. La *lune*, des *planetes*, des *cometes*, des *aurores boréales*, et des *météores enflammés*.

Je pose sur le pourtour de la rampe de fer du dôme des Invalides un plancher, où je fixe au bout de plusieurs perches des lanternes, dans lesquelles sont de grosses, moyennes, et petites mêches ou bougies, qui, réfléchies par les plaques couleur d'or, d'argent, rouge, bleu, et verd, étincellent comme les étoiles brillantes...... La LUNE transparente, cachée derriere les nuages, file sur l'occident par le moyen des poulies.

A l'égard des *cometes*, des *aurores boréales*, et des *météores enflammés*, les chandelles romaines qui semblent descendre du ciel, produisent à-peu-près les mêmes effets; mais j'invite ici messieurs les artificiers de consulter d'habiles physiciens et chimistes sur les moyens de leur donner une plus longue durée, et sur-tout de tâcher d'imiter les cometes qui ont des queues rougeâtres et très longues. On en voit les combinaisons dans le Journal des Débats du 5 présent mois de brumaire.

Le tonnerre et les éclairs vont leur train comme à l'Opéra. Il en est de même sur les autres grands édifices qui sont à la vue de la fête; savoir, sur le dôme des Quatre-Nations, l'horloge du palais de la Justice, les tours de Notre-Dame, celle du portail de saint-Gervais, et en revenant sur le télégraphe du Louvre, le donjon des Tuileries, la tour de Saint-Roch, le dôme de l'Assomption, la pompe à feu du Gros-Caillou, et sur l'un des pavillons de la barriere des Champs-Elysées, sur lesquels édifices ces tonnerres, en harmonie avec les sons éclatants de l'artillerie, produiront de majestueux accords.

A l'égard du *Vésuve*, placé dans la cour des Invalides près la grille, il forme un demi-cercle, qui est la partie voyante : ce sont des caisses de sapin posées les unes sur les autres comme des assises de pierres de taille, et cela jusqu'à l'embouchure du volcan, couvert de toile peinte en laves et pierres calcaires.... Il y a au pied de la montagne de la terre en talus couverte de sable, afin d'imiter les opérations de la nature. Le dedans ressemble à un pigeonnier, dans les cases duquel on met de la paille, du sarment, du fagotage, et des moëlons jusque vers le cintre, pour lui donner une certaine consistance, et opérer un grand bruit lors de sa chûte.... Comme cette montagne a la forme d'un pain de sucre, elle est soutenue par le haut de distance à autre par des perches de traverse, et étayée par des pieces de bois à échelons, où sont accrochés des fagots pour rendre les flammes encore plus dévorantes.

Un peu plus haut que la montagne il y a un léger échafaud en forme d'échelle double montée sur des roulettes, pour l'avancer dans l'intérieur du volcan, où l'on monte et descend à volonté le *trône de Lucifer*, sur les marches duquel des *diables de l'Opéra* agitent leurs torches ardentes, pendant que l'*ange*, sur une échelle qui est adossée derriere le trône jusqu'à une certaine élévation, semble dans la profondeur de la nuit planer dans les airs : c'est un homme qui sonne la *fatale trompette de la fin du monde et du jugement dernier*.

Le chef des démons, représenté par un mannequin, dans lequel un homme le fait mouvoir, a une *tête de lion*, les *oreilles d'âne*, les *cornes de bouc*, les *ailes de chauve-souris*, les *griffes d'ours*, le *corps de tigre*, la *queue de léopard*, et les *pieds de bœuf*, tenant à sa main une fourche..... Des flammes à l'esprit-de-vin lui sortent par la bouche, les yeux et les oreilles.

L'artifice est aussi derriere cette montagne : les matieres bitumineuses qu'elle semble vomir sont imitées par des moyens connus, dont j'ai lu aussi la composition, je crois, dans le *Publiciste*.

On sait que les canons plantés debout dans la terre produisent un bruit souterrain et de légeres commotions. Les cent bouches à feu sont autour de l'hôtel et sur la terrasse du palais du Corps législatif.

Les poudrieres, placées dans l'intérieur du Champ-de-Mars, près la grille qui donne sur la riviere, sont renfermées dans des boites de carton, uniquement pour produire aux yeux des spectateurs des colonnes de feux ondoyants et des tourbillons de fumée, qui, joints à celle des canons et du Vésuve, représenteront l'embrasement d'une ville.

C'est une fusée fixée sur la fleche du dôme ou sur la toiture de l'entrée de l'hôtel, qui, comme le feu du ciel, tombe en éclats sur la montagne à l'instant même où les artificiers l'allument avec des torches, après en avoir ôté une heure auparavant les toiles peintes par bandes, pour les enlever facilement et les faire servir une autre fois.

Comme la montagne, je le répete, a la forme d'un pain de sucre, l'écroulement sur elle-même s'opere sans le moindre accident, ni la crainte que les flammes atteignent l'hôtel qui en est éloigné.

Au dernier coup de feu, celui des enfers, les pompiers, cachés dans les fossés par des palissades adossées sur les parapets, font jouer les pompes sur la place, où l'on croit que c'est la pluie du ciel.... D'autres pompiers, renfermés dans des especes d'orchestres de la hauteur de sept pieds, qui bordent les arbres, rafraîchissent aussi les *curieux* pendant l'espace de trois minutes que les éléments sont en pleine activité.

Le mont *Etna* (l'ancien Calvaire), à la vue des spectateurs, par son élévation, lance dans les nues des feux ondoyants qui enflamment le ciel, pendant que le bruit sourd de la grosse artillerie semble, dans le calme de la nuit, faire trembler la terre.

Telles sont les idées que j'ai conçues pour la majesté du trône impérial, et pour illustrer cette nation belliqueuse qui veut élever son auguste chef jusqu'au plus haut point des grandeurs. Oui, si le Gouvernement adoptoit cette fête telle que je la propose, elle seroit, j'ose le dire, la plus brillante et la plus extraordinaire qu'on ait jamais donnée. Je le demande, est-il sous le ciel un plus bel ensemble que l'hôtel et la grande place des Invalides, le bassin et les quais des ponts de la Seine, les Champs-Elysées, la place de la Concorde, le palais et le jardin impérial, où l'on peut réunir un million de spectateurs, et leur présenter les plus admirables tableaux?

Le beau regne de Louis XIV est éclipsé par celui de Napoléon Ier, qui plus que lui encore et les grands Monarques qui l'ont précédé, électrise les sciences, les lettres et les arts, qu'on voit déja briller sur toute la surface de cet Empire le plus puissant de l'univers.

N. B. Il seroit à desirer qu'on remît, je le repete, les *divertissements extérieurs* dans les beaux jours du printemps : mais si le gouvernement impérial ne prenoit point cette détermination, il pourroit donner à cette fête plus de solemnité en l'exécutant le jour de l'anniversaire de la naissance du *fondateur de l'Empire françois* (le 15 août) et même la répeter chaque année, ce qui attireroit les étrangers avides du merveilleux.

OBSERVATION PARTICULIERE.

Les journaux ont annoncé que « des artistes de « tous les genres sont revenus des extrémités de « l'Europe pour contribuer par leurs ingénieux « travaux à l'embellissement de la fête du couronnement. »

Pour moi, qui ne suis qu'un amateur, je n'ai pas l'orgueilleuse présomption de croire que mon *Projet* présentera d'aussi belles choses que le *Programme* ministériel, fait collectivement par tant de grands maîtres des arts mécaniques et libéraux, qui chacun dans sa partie met en mouvement tous les ressorts de son *génie inventif* pour satisfaire le Gouvernement et mériter les éloges du public; mais l'auteur se flatte qu'ils trouveront dans ce projet le zele et les sentiments d'un bon Français, ainsi qu'il l'a prouvé dans tous ses autres *écrits d'utilité générale*, qui lui ont acquis des droits à leur estime.

STANISLAS MITTIÉ.

FIN DE LA TROISIEME PARTIE.

www.ingramcontent.com/pod-product-compliance
Ingram Content Group UK Ltd.
Pitfield, Milton Keynes, MK11 3LW, UK
UKHW020219180726
13838UKWH00005B/2097